ARS VIVENDI, ENSAYO DE UNA DEPRESIÓN

ExLibric

ÁNGEL MARTÍNEZ HIGÓN

ARS VIVENDI, ENSAYO DE UNA DEPRESIÓN

EXLIBRIC
ANTEQUERA 2023

***ARS VIVENDI*, ENSAYO DE UNA DEPRESIÓN**

Diseño de portada: Dpto. de Diseño Gráfico Exlibric

Iª edición

Editado por: ExLibric
c/ Cueva de Viera, 2, Local 3
Centro Negocios CADI
29200 Antequera (Málaga)
Teléfono: 952 70 60 04
Fax: 952 84 55 03
Correo electrónico: exlibric@exlibric.com
Internet: www.exlibric.com

ISBN: 978-84-10076-40-2
Depósito Legal: MA 1811-2023

Nota de la editorial: ExLibric pertenece a Innovación y Cualificación S. L.

ÁNGEL MARTÍNEZ HIGÓN

ARS VIVENDI, ENSAYO DE UNA DEPRESIÓN

Busilis

Busilis, del latín *in diebus illis* (en aquellos días), es una palabra barroca, de esas con las que uno tropieza en un diccionario polvoriento o que el mismo azar te pone delante en una relectura de una vieja obra. En mi caso, es una lectura ágil del Quijote de Cervantes la que me hace estamparme con este término tan latino y, a la vez, tan desconocido para mí: «el traje, las barbas, la gordura y pequeñez del nuevo gobernador tenía admirada a toda la gente que el *busilis* del cuento no sabía».

Lo bonito del término es que, según la RAE, es un término mal separado por la ignorancia de un estudiante. Un estudiante que tenía claro que *in die* significaba «en el día», pero que no tenía ni pajolera idea de qué significaba ese *busilis* que le seguía. Supongo que sería un pobre despistado que no se sabía muy bien la quinta declinación. No lo conozco, pero me gusta imaginármelo como un joven monje al que no le apasionaba su tarea de traductor, de esos a los que les gusta más la misa en latín, solo porque no entienden lo que se está diciendo. Sea quien fuere, sin duda, era perspicaz, pues no dudó en crear un término nuevo cuando su traducción no le cuadraba. Este término masculino es definido por la

RAE como el «punto en que estriba la dificultad del asunto de que se trata», me gusta pensar en homenaje a la dificultad con la que se topó ese pobre estudiante.

El *busilis* de mi cuento ha sido siempre mi cabeza. Mi cabeza pensante como culo inquieto, cabeza que quiere estar en misa y, a la vez, de repiqueo. Mi cabeza, que siempre ha sido la máxima en mi vida, que me ha hecho vivir bajo el yugo de su aprobación. Cabeza loca y el loco, por la pena es cuerdo. Cabeza que se autoconvence, que se niega; y en su negación, le sigue la sospecha de culpa. Cabeza, cada vez más podrida, y el que sabe de pescado te dirá que el aspecto de su cabeza es lo más importante para saber si está o no fresco.

Al dolor de cabeza, el comer le endereza. Y yo hace años que no le doy de comer, para ser exacto, desde primero de la ESO. Yo mismo me convertí en un lestrigón, uno de esos individuos antropófagos que Odiseo encontró en los famosos poemas homéricos. Comencé a alimentarme de carne humana, en concreto, de mi propia carne humana. De forma bizarra, la anorexia dominó mi cabeza durante toda mi adolescencia. El dolor de cabeza, silencioso, se fue haciendo cada vez más y más fuerte.

Y cuando la cabeza duele, todo el cuerpo duele. Sin darme cuenta, estaba corrompiendo la máxima latina por excelencia: *mens sana in corpore sano*. Yo, que durante mi última etapa de bachillerato y mi posterior primer año de carrera idolatraba a los clásicos, no los escuchaba. Tras pasar sempiternas horas traduciendo textos como aquel joven monje, no me había parado ni un segundo a escucharlos. Y tanto va el cántaro a la fuente que, al final, se rompe. Y yo me rompí. Me rompí tanto que en pocas semanas estaba sumido en una grave depresión, de la que aún sigo en tratamiento

Sin embargo, celebro el privilegio de mi herida, porque fue en ese momento en el que empecé a dialogar con los clásicos, a escucharlos e, incluso, a cuestionarlos. Fruto de esa escucha nace este libro. Aquí está el *busilis* de mi vida, aquí está mi cuento, aquí el bullebulle final.

Cacoquimio

Como Joan Maragall, en su *Oda a España*, yo también me atrevo a tutearte. Te pido que escuches la voz de un hijo, que esta vez sí te habla en lengua castellana —ya que al que te habló en lengua catalana poco caso le hiciste—. Te hablo en esta lengua en la que ya muchos te han hablado, exaltándote con gran cirigaña y adulación. Y lo hago porque no has reflexionado nada desde que Joan Maragall te habló en 1898. ¿Cuándo aprenderás, España, a escuchar a tus hijos? ¿O acaso nos escuchas, pero nos traicionas?

España, te habla un hijo, un hijo que es cacoquimio. Sí, cacoquimio, palabra heredada de Grecia, tierra a cuya hija no le niegas la corona. Si no me escuchas a mí, escúchala a ella, a tu querida Sofía de Grecia. Soy un hijo de mal (*kákos*) líquido (*khymos*), de esos que otro griego, un tal Hipócrates, decía que tenían bilis negra. Un melancólico, España, que te necesita.

«Olvidadiza *España*, y falsa con tus compañeros queridos, ¿ya no te compadeces en nada, insensible, de tu dulce amigo? ¿Ya no dudas en abandonarme, en traicionarme, desleal? Los actos perversos de los hombres mentirosos no gustan a los habitantes del cielo, y eso tú lo desprecias y, ¡desdichado de mí!, me abandonas en medio de mis desgracias.

¡Ay! ¿Qué pueden hacer, dime los hombres o a quién pueden confiar? Y tú, injusto, bien que me exigías entregarte mi alma, arrastrándome a quererte, como si para mí todo estuviera asegurado. Ahora, de la misma manera, te retraes y dejas que todas tus palabras y tus actos se los lleven vanos los vientos y las nubes arrastradas por el aire. Si tú te has olvidado, en cambio, los dioses se acuerdan. Se acuerda la lealtad, que hará que de tu acto te arrepientas un día». (Catulo, *Poesías*, *XXX*).

Este enfermo de tristeza, que siempre ha sido un catacaldos, emprendiendo muchas cosas sin terminar ninguna, hoy se ha decido a terminar esta oda en prosa. Olvidadiza España, cuando voy a tus hospitales, tras dos intentos autolíticos, no me atiende un psicólogo, me dan unas pastillas con más efectos secundarios que primarios y me mandan a casa. Al ritmo que va la lista de espera podrían plantearse contratar a un médium en lugar de un psicólogo. Insensible España, cuando llamo al CSMA (Centro de Salud Mental para Adultos), suena un tono musical mientras me repiten que las líneas están desbordadas. Mismo tono que suena cuando llamo al 024, el teléfono de prevención del suicidio. Desleal España, estás perdiendo más jóvenes en el sistema educativo que en esas gloriosas batallas de las que tanto te enorgulleces.

Y, aun así, te intentará defender, para que tú sigas en silencio eterno, algún político balandrón, fanfarrón y camandulero. Un astuto hipócrita que o bien dará la vida por ti, cargando con la culpa para que sigas inmutable, o bien le atribuirá la culpa a su contrario, dividiendo aún más a tus hijos, a los pobres que tú tanto has exigido.

«Mal le va, *España*, a tu hijo. Le va mal, ¡por Hércules!, y a trancas barrancas, y más y más de día en día y de hora en hora. Y tú —con lo poquito y lo fácil que es—, ¿con qué palabras lo estás consolando? Estoy enfadado contigo. ¿Así tratas mi cariño? Poco te cuesta cualquier palabra». (Catulo, *Poesías*, *XXXVIII*).

Aquí tienes, España, la voz de un hijo que te habla en castellano, que te suplica exhausto en busca de una respuesta. ¿Hasta cuándo durará tu silencio, España?

Diéresis

Yayo, últimamente he estado adentrándome en las delicadas páginas de tu diccionario valenciano-castellano de D. José Escrig y Martínez. Ese que, con gran aprecio, me diste como herencia viva. Las páginas de esta tercera edición son espectadoras del devastador efecto del paso del tiempo, páginas que en su tono amarillento demuestran que, desde 1887, Valencia ha sufrido unos tiempos convulsos. Páginas que, con su fragilidad, son ejemplo vivo de que a la corta o a la larga, el tiempo todo lo alcanza. En definitiva, páginas que saben que no cualquier tiempo pasado fue mejor.

Herencia viva me dejaste, yayo. La más preciada reliquia que conservabas de tu padre me entregaste, con el desapego que solo la generosidad innata es capaz de obrar. Me diste no solo un trozo de la historia, sino tu trozo de la historia para que yo lo conservara. Me diste palabras. Palabras, qué mejor herencia para un filólogo. Palabras cargadas del amor y entrega que tenía tu padre por la docencia y que, en estos días, me devuelven ese espíritu docente que me corre por la sangre. Quizá, no heredé tu cerúleo color de ojos, pero dejaste en mi ADN la pasión por enseñar del bisabuelo —ya quisieran las ciencias naturales poder explicar este fenómeno insólito—. Tal vez, el bisabuelo te dejó siendo tú aún de parva edad, pero su vocación ha corrido por las venas de esta familia generación tras generación.

Hoy, 5 de enero, día de tu cumpleaños, que desgraciadamente no he podido pasar contigo, como cada año hacía, he abierto de nuevo el diccionario. Sin pensar en la fragilidad de este, como movido de forma inconsciente, he ido directo a la página 245. Sin saber lo que buscaba, me he topado con: «Avi, via. m. y f.: Abuelo, la. Lo mismo que agüelo y ahuelo». Aunque a muchos lingüistas se les salten las lágrimas al ver tal falta de ortografía, yo me muestro partidario de esa diéresis. Esos dos puntos que coronan una de las palabras más importantes de nuestra lengua. Esa corona, que solo los dignos de ser llamados reyes son merecedores de llevar en la cabeza. De aquellos que, como tú, nacieron la noche más mágica del año.

A Sabina le robaron hace ya unos casi cuarenta y diez años el mes de abril. A mí, la depresión, si me ha robado algo, es este mes de enero contigo. Y mira que, como dice el poeta unos versos después, yo también lo tenía «guardado en un cajón, donde guardo el corazón». Yayo, pasé la noche más mágica del año vomitando en la taza del baño, desgastado por los efectos secundarios de las pastillas. Pero lo más duro no fue eso, sino que la pasé lejos del rey de esta familia, el que todos queremos ver en el roscón. Y mira que tú nunca buscaste ser rey, pero la misma diéresis te coronó.

«No me importa la riqueza de Giges, de Sardes soberano, ni aún la envidia me invade ni ambiciono ser rey. Me importa el hoy, ¿quién conoce el mañana? Mientras aún haya tranquilidad, bebe, lanza los dados y alza ofrendas a Dioniso. No sea que alcance la enfermedad y digan: "te prohíbo beber"». (Anónimo, *Anacreónticas, VIII*).

Te devuelvo el regalo, yayo, palabras por palabras. Palabras de un anónimo como tú, que también sabe qué es vivir. Que aun teniendo la felicidad y destreza de un rey, no quiere su fama. Lección de vida que das cada día a aquellos que contigo tienen el privilegio de sembrar cada mañana. Aquí tienes tu fruto.

Feedback

Feedback, palabra intrusa en nuestra lengua, pero en auge —el día que escribo esto cien personas la *googlean* en nuestro país—. Palabra santa para las nuevas generaciones de líderes, que usando estos términos ingleses se sienten más papistas que el Papa y, a la vez, palabra ininteligible —incluso, una paparrucha— para los que no entiende ni papa de inglés. Pero, bueno, a lo que está de moda, todo el mundo se acomoda.

En mi opinión, es una palabra fea, vacía y que solo lisonjea a estos susodichos. Sin embargo, palabra viva y, por tanto, necesaria. Yo, de acuerdo con la Fundéu prefiero decantarme por la palabra retroalimentación. Este calco del inglés *feedback*, la RAE lo define como «el efecto retroactivo de un proceso sobre la fuente que lo origina».

Pero como filólogo me atrevo a ir un paso más allá que la RAE —total, a salvo está el que repica, o eso dice el refranero—, y propongo otra definición. Retroalimentación, si jugamos descuartizar palabras, no es más que el verbo *alere* (nutrirse, consumir) y el adverbio *retro* (detrás, al revés). Es aquí donde yo veo realmente útil la palabra retroalimentación, en el hecho de nutrirse de lo que está detrás en el tiempo, de consumir al revés aquello que no vimos con claridad en su momento. Pierde aquí su efecto de inmediatez, tan buscado por los alabados *coaches* laborales, y se convierte en un arduo y largo proceso de investigación para llegar a la famosa autoconciencia e inteligencia emocional.

Así pues, siguiendo el consejo de Tasha Eurich y Daniel Goleman —dos grandes referentes en esto de la autoconciencia—, me convierto en investigador en busca del *feedback* externo, es decir, cómo me perciben los demás. Dicen que es importante también trabajar el *feedback* interno, pero, como bien juega quien mira, delego en los demás esta tarea. Para ello, pregunto por escrito a diez personas muy cercanas a mí (compañeros de piso, amigos, familia y pareja) dos simples preguntas:

1. ¿Qué crees que hago (o que no hago) que me impide avanzar?

2. ¿Qué podría hacer de manera diferente que pueda tener mayor impacto en mi éxito?

Quién hubiese dicho que con solo dos preguntas se podía aprender tanto. La palabra más repetida en sus repuestas es autoexigencia —o sus variantes «te exiges demasiado en los estudios», «trabajas mucho», «exceso de autocrítica», y un largo etc.— presente en todos y cada uno de los formularios. A esta palabra solo le hacen competencia la crítica a mi búsqueda impulsiva de inmediatez y la mala dieta que sigo. El toque final a este *feedback* se lo pone la falta de autoestima.

Yo, afortunadamente, tengo la suerte de que, en caso de que lo necesitará —que es lo que parece—, puedo tomarme un año sabático, comprar lo necesario para tener una dieta sana o pagarme una buena psicóloga que me suba la autoestima. Pero tienen razón, no lo hago. Dice el refranero que al que tiene buena cama y duerme en el suelo, no hay que tenerle duelo. Y quién soy yo para contradecir al refranero.

Los Siete Sabios de Grecia —en este caso, diez— han dictado sentencia. Yo, como Laoconte, siempre he sido reticente a sus regalos: «¡no confiéis en el caballo, troyanos! Sea lo que sea, temo a los dánaos (griegos), incluso, si traen regalos». (Virgilio). Quizá, debería abrir mis puertas a su caballo de *feeback* y nutrirme de él de una vez. Quizá, cambiaría la historia.

Glosolalia

Glosolalia es una de esas palabras que se contradicen a sí mismas. Para unos, un don letífico y para otros, una enfermedad. «Vendrán por lana y volverán trasquilados», afirma Don Quijote. La glosolalia es el don de las lenguas, la capacidad, casi sobrenatural, de dominarlas, o eso nos cuenta su etimológica (γλῶσσα 'lengua' y -λαλία 'habla'). Pero si le preguntamos a un psiquiatra, nos dirá que es la patología de los que «fueron por lenguas y volvieron con afasia». Para ellos, la glosolalia no es más que un lenguaje inteligible, lleno de términos inventados con algo de ritmo.

Yo he tenido la suerte de conocer a alguien al que muchos hoy en día le diagnosticarían glosolalia. Un catedrático machucho, que de primeras da la impresión de ser ojienjuto, con rasgos de una seriedad inconcusa. Un orador con la propiedad y elegancia que distingue a aquellos que dominan el lenguaje. Un traductor, que en su idiolecto era capaz de entremezclar lo vulgar y lo puro de la lengua. Un hombre sin tapujos, un docente, un cómico, un helenista o neohelenista... En definitiva, un hablista.

En él, la glosolalia cobraba sentido. Él engloba las dos entradas de la definición en su persona, incluso, diría que personificaba el término. Quien desde los pasillos de la Universitat Autònoma de Barcelona lo escucha recitar de memoria versos griegos o empezar sus clases con el canto desvergonzado de reivindicativos poemas musicalizados —mi favorito, *Άννα μην κλαις*— no dudaría en ver esos sonidos melódicos, pero sin aparente sentido, como una clara prueba de glosolalia. Raro es que nunca nos enviaran a un psiquiatra al aula para verificar que todo estaba en orden. Supongo que la lista de espera está colapsada en esto.

Pero, sin embargo, el que estaba dentro del aula veía en él ese don de lenguas. Ese don que le permite, no solo traducir a Platón, sino vivir la condena de muerte de Sócrates como un miembro más del jurado. Don que te atrapa y te traslada en el tiempo, que te enseña los preciosos matices que aporta una simple preposición a un verbo griego. Quizá, ser un memorizador de gramáticas no tiene ni la mitad de gracia que tiene ser traductor. Eso sí, traductor de verdad, siendo capaz de transportar la magia del texto a nuestra lengua sin que se pierda esa gracia en el camino.

«Cuando alguien, atractivo en sus palabras, pero insensato, persuade a la masa, ¡gran desdicha para la ciudad! En cambio, aquellos que con sensatez aconsejan una y otra vez lo bueno, aun si no de inmediato, son luego útiles a la ciudad. Así debe considerarse y juzgar a quien gobierna». (*Orestes*, Eurípides).

Esta es la maravillosa lección que me llevo de aquel que personifica la glosolalia, del que no ejerce la absurda jerarquía en el aula, del que es capaz de impresionarme con su don de lenguas y del que hay momentos en los que siento que o bien él o bien yo padecemos glosolalia. Él no es griego, pero tampoco los envidia, pues más bonito es ser de fuera y sentirse griego. Tal vez, la salud mental no sea más que aquello que unos ven como locura, mientras que otros lo denominan don. Este, me atrevería a afirmar, es su buen consejo para la ciudad: «¡traducid, pero hacedlo de verdad!».

«Es imposible que no lloremos nuestras desgracias. Pues para todos los mortales la cara vida es digna de ser llorada». (*Orestes*, Eurípides).

Hades

Ayer salvé una vida. Bueno, o algo parecido. En el supermercado más cercano a mi casa, además de comida, también tienen todo tipo de cosas —desde una manta térmica hasta una batería que funciona con luz solar—. Y ya que tienen tantas cosas, pues yo aprovecho para darle vueltas a las mías, que no son pocas últimamente. Sin embargo, una distracción me sacó de mi flujo caótico de pensamientos.

Un dependiente, ya de avanzada edad, iba a tirar una planta. Una planta que ya no era lozana, pero que seguía teniendo un intenso color verde que, para mi gusto, la hacía peculiar. Tenía un no sé qué, que conseguía que las demás plantas florales no pudiesen hacerle sombra con sus coloridas flores. Es cierto que estaba endurecida por el maltrato que supone para una planta vivir en un supermercado y tenía unas pequeñas marcas de guerra. Pero, bueno, ¿acaso hay alguien que no las tenga, alguien que salga de este mundo sin un rasguño?

Sin embargo, el dependiente estaba dispuesto a conducirla al inframundo, convirtiéndose en Caronte: «Él mismo empuja la barca con la pértiga y gobierna las velas, y transporta a los muertos en esquife herrumbroso, anciano ya, pero es la vejez fresca y vigorosa de un dios». (*Eneida*, Virgilio).

Ya estaba la planta casi en tierra de Hades, el más odiado por todos los dioses, donde van todas las almas de las cosas que nadie compra en los supermercados, del cual una vez se entra, nunca se podrá salir: «fácil es el descenso al Averno: día y noche está abierta la puerta del negro Dite, pero volver de sus pasos y salir a la luz superior, eso es lo difícil, eso es trabajoso». (*Eneida*, Virgilio). Pero sabio es el refranero español, y hecha la ley, hecha la trampa. Salir es trabajoso, pero no imposible —bien lo sabe Eneas.

Yo no soy uno de esos héroes capaces de entrar y salir de la tierra de Hades. Así que *in extremis*, intercediendo ante Caronte, le presenté mis súplicas. Él se negó a vendérmela, «este producto ya no cumple la condición», *sine qua non* puede ser vendida, la perfección. Caronte solo acataba órdenes. Pero viendo que yo no atendía a razón, ante la insistencia de comprar otra planta, se compadeció de mi súplica y me la entregó por el simbólico precio de un euro.

Planta en mano, me dirigí a casa. Yo, que de pequeño siempre había sido la piel de Barrabás, siempre entre maldades, había redimido mi culpa salvando a esa planta. Todo cambia, el gobierno, la gente; quizá, también yo. Pero ese asunto no es de nuestra incumbencia ahora.

Cuando llegamos a casa ya era tarde, así que, tanto la planta como yo, descansamos toda la noche.

Esa noche refrescó, pero, al amanecer, un sol radiante entraba por mi ventana. Hacía tiempo que no era capaz de disfrutar del sol de enero. Hacía tiempo que no sentía su calor, que lo rechazaba. Pero hoy ha sido diferente, la planta y yo lo hemos disfrutado.

Así que sí, me he comprado una planta. Con ella veo pelis, escucho música, comparto heridas de guerra e, incluso, hacemos terapia juntos, repitiéndonos una y otra vez, como propone Louise L. Hay —si no la conoces, *googléala*, es una mujer alucinante—. Una de sus afirmaciones: «me acepto y me apruebo». Hay quién dirá que he hablado solo, no han entendido nada.

Mamá, hoy me he levantado con el pie izquierdo. Izquierda, palabra intrusa entre la avalancha de derivados latinos —y también griegos— de nuestra lengua. Palabra insepulta que grita a media voz su origen vasco. Proveniente del euskera, formada por *esku* (mano) y *kerros* (torcido).

Si te soy sincero, mamá, últimamente siempre me levanto con el pie *torcido.* Y no solo el pie, sino también mi ánimo. Últimamente, este joven barbilampiño de 19 años solo tiene días torcidos. Y, como ya sabes, mamá, siempre busco amenguar mi tristeza con el lenitivo de los clásicos. Busco refugio en ellos, aunque muchos no entiendan por qué. Muy harto de escuchar inquisitivamente a gente cuestionándose para qué sirve esa lengua muerta —mejor dicho, matada—, que, sin embargo, a mí me da vida. ¿No debería yo, acaso, preguntarles, con ese mismo tono burlesco, por qué no conocen la historia de su propia y amada lengua? Hay que tener coraje para llenarse la boca de orgullo al llamar a una lengua *materna* y no preocuparse por conocer a tus propios *abuelos*. Pero, bueno, eso es otro tema.

Como te contaba, mamá, he buscado amparo en mis viejos amigos. Pero esta vez —y solo esta— no me han prestado la ayuda demandada. Los clásicos solo me confirman lo que hace ya tiempo andaba meditando: que el mundo está hecho para ser de derechas. Que en latín, lo contrario del adjetivo *dexter* —derecha, diestro, favorable— es *sinister* —izquierda, desgraciado, incluso, infeliz entre los griegos—. Así que sí, mamá, hace tiempo que el adjetivo que caracteriza mis días es siniestro, por muy raro que suene.

Izquierda

Mamá, ese joven risueño que hacía más preguntas que afirmaciones, que se sentía cómodo entre el signo interrogativo, se ha vuelto de izquierdas. Se ha vuelto de izquierdas por consumir literatura por encima de sus posibilidades, porque se siente infeliz y ya no es diestro, debido a su medicación.

Pero sabes qué, mamá, estoy cómodo fuera de las tradiciones. Ya no quiero ser diestro. Dicen que año bisiesto, año siniestro, y, aunque me pese negar el sabio refranero de nuestra lengua, a mí este año, aunque no es bisiesto, sí que me ha salido siniestro. Mi mano izquierda por fin ha conseguido ver lo que hace mi mano derecha y no le ha gustado. Que el que te diga que el vino cuanto más viejo, mejor, miente. Miente, porque el que de verdad entiende del tema, te afirmará que, al final, se pone malo y empieza a oler a rancio. Seguramente, no me siente a la derecha del padre, pero estoy empezando a estar cómodo a su izquierda.

«Cuando escucho otros discursos, especialmente los vuestros, los de los ricos y hombres de negocios, personalmente, me aburro y me dais pena vosotros, mis amigos, porque creéis estar haciendo algo importante, cuando no hacéis nada de valor. Quizá, vosotros, a la inversa, pensáis que soy un desgraciado y creo que estáis en los cierto; yo, sin embargo, no creo tal cosa de vosotros, sino que la sé con certeza». (Platón, *El Banquete*).

El mundo —como demuestra la sabia lengua— está hecho para ser de derechas. Perdón, mamá, te he salido de izquierdas.

Jarana

Tú, amor, eres jarana, un clásico, una abadía, un ruido y una rosa. Dice Italo Calvino, con sabiduría en cada palabra, que «un clásico es una obra que persiste como un ruido de fondo, hasta cuando un presente, totalmente incompatible con él, se impone». Ruido de fondo que aflora por la grieta cultural de nuestra sociedad y que negamos inútilmente. Negamos la mayor, a conciencia. Nos hacemos los locos, como cuando la RAE afirma que la jarana es de origen incierto. Pero más sabe el loco en su casa que el cuerdo en la ajena, y en tu casa sobran los locos.

Locos a ultranza, que, aunque el presente se vuelva incompatible, ven aquellos resquicios de cultura que se imponen. Locos que saben que la jarana que brilla en tu mirada es de herencia islámica. En tu diversión bulliciosa y alborotada, en tu burla, engaño y trampa, en tu pendencia, alboroto y tumulto, hay «ḥarām». Eres esencia de lo prohibido, ese fruto de aquello que nunca será «ḥalāl» para ningún dios.

Tú, que no niegas tus raíces, eres jarana. Tú, que nunca tuviste casa, que no mandaste a cada uno a la suya ni metiste a Dios en la de todos. Tú, que nunca hiciste a cada uno rey de su casa, porque eso de la monarquía se oponía a tus ideales. Porque para ti nunca hubo absurdas fronteras que limítrofes negaran el ruido.

Tú sabes mejor que nadie que el ruido se metió en nuestra casa. Casa mía, casa mía, por pequeña que tú seas, me pareces una abadía. Pero el abad de casa mía, no le niega casa a nadie. Y entre huéspedes y convidados, un fatídico ruido sin trigo ni avena, mi casa llena. Me advirtieron que de fuera vendrá quien de casa nos echará, pero nadie me pronosticó que sería el propio anfitrión. Y, ahora, en casa somos dos los que nos debatimos el timón: una voz que se quita los pantalones y otra que aparenta llevarlos.

Pero tú, que siempre abrazaste el ruido, me demuestras que este que yo abrazo hace mucho ruido y pocas nueces. Me enseñas que el ruido es otra cosa, más discreta. «El ruido es como un clásico», me dices sentenciosa. Que donde va más hondo el río, hace menos ruido. Tú, discreta como rosa en Sant Jordi, no clavas tus espinas y siempre vas acompañada de un clásico.

Tú, amor, eres jarana, un clásico, una abadía, un ruido y una rosa.

Kirieleisón

Dicen que quien llega tarde, ni oye misa ni come carne. Yo hace tiempo que soy vegetariano y que no me paso por la casa del señor. Así que supongo que llevo llegando tarde mucho tiempo. Sí, se ve que yo, que siempre he sido un culo de mal asiento, que hacía malabares para no defraudar a nadie, llegaba tarde.

El tren que dicen que solo pasa una vez en la vida, estaba lleno de todas las cosas que consideraba importantes, apretadas como piojos en costura. Yo compré también mi billete, pero se me olvidó lo más importante: subirme. Sin darme cuenta, llegué tarde a mi propio tren. Así que este funcionó en piloto automático. Durante unos años, el tren fue recorriendo la ruta establecida sin desviarse ni un milímetro. Y, cada vez que paraba, si alguien bajaba, se volvía a llenar con alguna otra cosa superimportante, que sí o sí tenía que estar dentro.

El problema vino cuando fui yo quien intentó subirse al tren. Un revisor, impasible, me dijo una y otra vez que llegaba tarde, que el tren estaba lleno y que yo ya no cabía. Que ese tren hacía años que no hacía parada en la estación Salud Mental. Ese desvío significaba una enorme pérdida de tiempo y lo habían suprimido. El tren iba apurado y seguía una única ruta, me pusiera como me pusiera. Incluso, decía que tenían un compromiso de puntualidad inquebrantable, por muy raro que sonase que existiera un tren así en nuestro país.

El camarero del bar de la estación me explicó que el sistema radial ferroviario hacía tiempo que obligaba a todo desplazamiento vital a pasar por Autoexigencia. Daba igual que hubiese una ruta más rápida para conectar Cerebro con Salud Mental, no había tren que no se desviará inútilmente por Autoexigencia. Y que, con el tiempo, la estación Salud Mental cayó en desuso. Los dos reflexionamos sobre lo poco práctico de ese sistema y eso que yo aún sigo endeudado, pagando el alto precio de ese billete que no tiqueé a tiempo.

Por suerte, supongo que debido a un cambio de gobierno o algo por el estilo, se añadieron nuevas paradas y me dejaron subirme de una vez por todas. Recuerdo despedirme efusivamente del camarero de la estación, donde cada día intentaba colarme en el tren desde hacía ya un año. Sin embargo, al llegar a Salud Mental nada era como parecía en ese tríptico. Ese que la vendía como la más importante de las paradas antaño. Tal fue el horror que vi allí, que como muchos habrán intuido por el título, escuché cantar el kirieleisón. Ese griego «Señor, ten piedad» (κύριε, ἐλέησον), que solo suena en los entierros y oficios de difuntos. Y que, posiblemente, hubiesen entonado mis allegados de no ser porque en aquella estación aún quedaba una psicóloga. Una joven que, por vocación, decidió permanecer allí, por si algún pasajero descarrilado paraba en la estación. «El mejor médico es el que diagnostique en ellas el amor bello y el vergonzoso; y el que logre que se produzca un cambio, de modo que. en lugar de un amor, se obtenga otro, y el que, en los cuerpos en que no hay amor, pero es preciso que llegue a haberlo, sepa infundirlo y extraer el que había dentro». (Platón, *El Banquete*).

Gracias a ella, en esa estación, ya casi no se oye el escalofriante kirieleisón. Supongo que ella, como dice el refrán, también llegó tarde a misa y se quedó en el repiqueo.

Laetam vitam, care amice, tibi exopto

«La amistad tiene ventajas tan importantes que apenas las puedo describir. Para comenzar: ¿cómo puede ser la vida digna de ser vivida, como dice Ennius, si no descansa sobre la benevolencia mutua de un amigo? ¿Qué hay más dulce que tener a alguien con quien goces hablarlo todo como si lo hicieses contigo mismo? ¿Cómo podría ser tan grande tu satisfacción en los momentos de prosperidad si no tuvieses a alguien que los gozara contigo? Son verdaderamente difíciles de soportar las adversidades sin la ayuda de alguien que las soporte con más aflicción, incluso, que tú mismo». (Cicerón, *La Amistad*).

Aunque no te conozco, y tú tampoco a mí, me atrevo a llamarte «amigo». Me presento. Soy Ángel, tengo 19 años y, como habrás podido deducir, estudio latín y griego en Barcelona (UAB). Estas líneas que te dedico a ti, amigo, al principio de esta carta es mi pequeño regalo.

Líneas escritas en el 44 a. C., que siguen siendo muy presentes hoy en día. Líneas que ensalzan la amistad y son fuente de buenos recuerdos, pero que también pueden ser desoladoras para aquel que no tiene a un amigo a su lado, como un Aquiles sin su Patroclo.

No te conozco y, aun así, te hablo como a un amigo. No te hablo desde la amistad vulgar del «ya nos veremos» o «no tengo tiempo», te hablo con el corazón abierto, te hablo de amigo a amigo.

La amistad es libre, desinteresada, natural, conlleva preocupaciones, no se compra, está abierta a todo el mundo, es indulgente, fiel, sincera, afable, constante, modesta, generosa… En definitiva, la amistad es necesaria.

En España, hay más de un millón de mayores que viven solos y no reciben visitas —que se dice rápido, igual de rápido que te hiela la sangre—. De mayores que, en su soledad, no tienen quien goce sus logros y sienta como suyas sus aflicciones. En España, hay personas mayores que se quitan la vida sometidos bajo el yugo de la soledad.

«Los amigos hasta ausentes están presentes, hasta en la pobreza abundan, hasta cuando son débiles son fuertes, hasta —algo más difícil de decir— cuando están muertos, viven. Tan grande es la estima, el recuerdo, la añoranza de los amigos que los acompaña». (Cicerón, *La Amistad*).

Hoy soy consciente de que muchas personas mayores se han quedado por el camino. Soy consciente de que, cada día, nuestros mayores mueren y solo algunos afortunados tienen la suerte de seguir viviendo en la estima, el recuerdo y la añoranza de un amigo. Solo algunos.

Y aquí me tienes, siéndote sincero y desinteresado, diciéndote que eres mi amigo. Que celebro tus victorias y siento como míos tus dolores del alma, porque desde que me decidí a escribirte esta carta, ya tenía claro que se lo enviaría a un amigo —no te creas que yo comparto a Cicerón con cualquiera—. Así que, amigo, si algo te puedo —incluso, debo— regalarte, te regalo mi amistad.

Laetam vitam, care amice, tibi exopto (Querido amigo, te deseo una alegre vida).

Mansplaining

Mansplaining, o el calco machoexplicación como recomienda utilizar la Fundéu, es uno de esos términos de los que, por un motivo o por otro, una lengua cojea. El movimiento feminista, aunque algunos miembros de la RAE se muestren exageradamente reacios a admitirlo —quizá, por eso de que solo hayan ocupado una de las 27 letras de la Academia once mujeres entre casi quinientos hombres—, es el que ha traído consigo, posiblemente, la mayor evolución que ha sufrido nuestra lengua durante el siglo XXI. Revolución lingüística, que hay que verla como lo que es: un verdadero acto poético. Una guerra entre filólogos y lingüistas a golpe de diccionarios y gramáticas. El lenguaje al servicio del pueblo, al fin y al cabo, su voz es su arma más preciada.

Término que muchos consideran innecesario. La mayoría hombres que no tienen como rutina que les expliquen las cosas de forma condescendiente, que un amable señor con aire de perdonavidas les explique el funcionamiento del mundo. Explicarles el mundo a ellas, que en palabras de Velázquez «no son un ser humano, sino la razón entre humanos». Que si Eva no hubiera mordido la manzana, la historia sería muy corta, y también mucho más aburrida.

Joder, si es que la misma etimología de la palabra «condescender» esconde el pensamiento misógino de salvar a la princesa: *descendo (de, scando)*, es decir, bajar como un escalador que quiere prestar ayuda a alguien que se encuentra en una posición inferior. La palabra «condescender», y esto no hay filólogo o memorizador de gramáticas que me lo niegue, obliga a que una de las partes sea inferior, y no solo eso, sino que también necesita ayuda. Es por esto por lo que machoexplicación, entre muchos otros términos, son necesarios en nuestra lengua, porque quitan aquellos matices que diferencian un acto de bondad de un exceso de soberbia. En palabras de la escritora Rebecca Solnit, machoexplicación es el «exceso de confianza y la falta de idea». En fin, consejos vendo y para mí no tengo.

Me resulta injurioso que, a menudo, se describa la actitud de Telémaco como condescendiente cuando responde así a la petición materna de no remover con el canto del bardo sus heridas:

«Madre, deja que el bardo cante lo que quiera; los bardos no causan los males de los que cantan; es Zeus, y no ellos, quien envía dichas o pesares a los hombres según le place. Este hombre no tiene mala intención al cantar el desdichado retorno de los griegos, pues los hombres siempre aplauden los cantos más nuevos. Hazte a la idea y sé fuerte: Ulises no es el único hombre que no volvió de Troya, pues muchos otros cayeron igual que él. Ve adentro de la casa y ocúpate de tus quehaceres cotidianos». (Homero, *Odiseo*).

Veinte años esperando el regreso de tu marido, con unos machirulos acosadores instalados tu casa y tu hijo, que no recuerda casi ni a su padre, te explica con soberbia cómo deberías sentirte y comportarte. ¿Es eso «acomodarse por bondad o conveniencia al gusto de alguien», como define la RAE «condescender»? ¿Hay alguna palabra en nuestra lengua que describa esta situación que han sufrido, sufren y, por desgracia, sufrirán las mujeres a lo largo de la historia? Parece ser que machoexplicación no es tan mal término al fin y al cabo, porque si no le ponemos nombre, se nos plantea un problema aún más grande: ¿se puede solucionar algo que ni siquiera tiene nombre?

Non plus ultra

«No más allá». Con estas tres palabras, según cuenta la leyenda, Hércules indicó al resto de dioses y humanos que no había tierra más allá del estrecho de Gibraltar. Marcó en sus pilares este lema: *non plus ultra*. Una vez traspasado el estrecho, el mundo termina. No fue hasta el fortuito viaje de un navegante, de origen discutido y de fama castigada, que el lema se rompió. La historia se manchó de sangre y debate. España, tan ajena al juicio histórico, decidió desafiar a Hércules y, hoy en día, luce orgullosa sus columnas con el lema *plus ultra* (más allá).

Tal vez, por mi estima a los clásicos; tal vez, por mi dureza contra la patria, creo que Hércules no se equivocaba. No discutiré, negando la mayor, la certeza de que había más tierra al otro lado del estrecho de Gibraltar. Sino que interpreto su negación como un vaticinio futuro, una idea que mira más allá del simplismo territorial. España, por mucho que intente aparentar ser un país que va más allá, hace tiempo que se estancó. Se quedó parada aquí y dejó de importarle los asuntos de más allá. Nos hemos convertido en el país que Hércules vaticinaba, el país donde, por no mirar más allá, nos quedamos petrificados en el retroceso. El país a la cola de Europa.

Plus ultra, como se puede leer en nuestro escudo, es donde se van los jóvenes que aquí se forman. Jóvenes hartos de escuchar cómo la generación que nunca miró más allá, se atreve a llamarlos «generación de cristal». Jóvenes que, con carrera y máster, no ganan lo suficiente para vivir solos, conformándose con alquilar habitaciones a precio de pisos. Jóvenes que se atrevieron a ir *plus ultra*, completando los doce trabajos que la crisis les imponía y que, aun así, vivían ahogados bajo su yugo.

Hay quien llama a la visión *plus ultra* de los jóvenes «fuga de cerebros». Sea como fuere, la realidad es aterradora. La viuda de Carlos Saura, la actriz catalana, Eulalia Ramón, alza la voz en la fiesta del cine español en su trigésimo séptima edición. Lo hace para agradecer a los sanitarios el trato al director. Pide que cuiden el sistema de salud de la misma forma que lo cuidaron a él. Estas palabras desatan el caos político. Y donde dije digo, digo Diego, y a la inversa. Las reacciones políticas, desafortunadas, fortuitas y, sobre todo, opuestas vuelven a intentar callar la voz de quien, hasta en sus últimos aires de vida, siguió mirando *plus ultra*.

«Este dolor común ha llegado inesperadamente a todos los ciudadanos. Será un duelo continuo de abundantes lágrimas, ya que las tristes noticias sobre los grandes golpean más intensamente». (*Eurípides*, Hipólito).

Una manifestación de batas blancas, de médicos y usuarios unidos, sale al día siguiente a la calle. Hércules ve aterrado como, nuevamente, se quebranta el título que le había puesto a la península. España está harta de ser el *non plus ultra* del mundo y grita desde la calle —escenario político y poético por excelencia— que la sanidad no está en venta. España niega por segunda vez el *non plus ultra* y el poeta afirma:

«Bien saben los amantes instruidos que quieren decir "sí" tres "no" seguidos». (Ramón de Campoamor, *Doloras y Humoradas*).

Yo soy más de pensar que dos negaciones afirman, pero tres no confirman. En nuestras manos, por suerte y por desgracia, está convertir en afirmación la célebre frase de Hércules. Ya nos contará el futuro, yo no sé mirar más allá…

Ocho coma ocho por ciento

«Un 8,8 % de los alumnos catalanes, de entre 10 y 18 años, asegura que cada día, o casi cada día, siente que tiene ganas de morirse o bien quedarse dormido y no volver a despertar. Y un 5,9 % piensa, también diariamente, en hacerse daño o lesionarse de forma voluntaria. Son los resultados más preocupantes de una macroencuesta hecha [...] a más de 267 000 alumnos de 2000 escuelas e institutos catalanes. Se trata del cuestionario más grande que se ha hecho en Cataluña sobre la salud mental de los adolescentes». (*Diari Ara*, 2022).

Si la *ratio* —palabra latina, por cierto— es de 30 alumnos por aula en secundaria, estaríamos hablando de que, en cada clase, como mínimo, hay dos alumnos que quieren quitarse la vida. Eso si no fallan mis cálculos, que nunca he sido muy bueno en matemáticas —quizá, por eso de la *ratio*, qué sabré yo.

Como alumno universitario y, a la vez, profesor, no sé cómo tomarme estos datos. Me siento a la vez víctima y verdugo, llevando al paredón a un ocho coma ocho por ciento de mis alumnos mientras evito que, como estudiante, un paso en falso me lleve al fondo, como si estuviera andando por un suelo recién fregado.

Yo hace ya tiempo que resbalé y caí de pleno en ese porciento, engordando ese creciente número. La vida de dos alumnos por cada aula queda cuantificada por las instituciones tras un simple porcentaje y archivada entre una montaña de otros datos. No podemos hacer nada contra el acoso escolar, esos pensamientos son cosas de niños, simples fases y un largo etcétera de excusas.

Excusas que solo buscan encubrir un sistema que está en declive desde hace ya muchos años.

Joder, si es que ni la hija del rey quiere hacer aquí el bachillerato. Que el empeño desmesurado de las instituciones por hacer reformas educativas ya se ha demostrado que no es solución, especialmente, cuando estas mismas se dedican a atacar reforma tras reforma la cultura y lenguas clásicas. ¡Que no son lenguas muertas, que las están matando! Que aquellos, que hasta el último instante critican el franquismo, son los mismos que con sus reformas calcan el discurso del ministro José Solís: «menos latín y más deporte; porque ¿para qué sirve hoy el latín?». En fin, mucho ruido y pocas nueces.

«Deseos me vienen de morir y contemplar los lotos colmados de rocío en las orillas del Aqueronte». (Safo, *Fragmento 97D*).

En ese ocho coma ocho por ciento, muchas estudiantes sentirían como suyas las palabras de la poeta griega Safo, pero no lo saben. No lo saben, porque les hemos quitado la oportunidad de poner voz a sus sentimientos y sentirse comprendidas a través del mundo clásico, encontrar respuestas —que no es poco—. Les hemos quitado el deseo de una educación de calidad, convirtiendo al héroe Ajax en una marca de limpieza y a la diosa Nike en una marca de ropa deportiva.

Pero a pillo, pillo y medio. Si las instituciones, con sus reformas, quieren seguir rompiendo en párvulos cristales a la mal denominada «generación de cristal», si quieren que dejemos a dos de nuestros treinta soldados por el camino, como troyanos les responderemos que si 300 pudieron con el inmenso imperio persa, los *magistri* podemos con sus reformas, sin dejar a nadie por el camino.

Plato

He roto un plato. Un plato sopero, de esos de cristal desportillado por el uso. Un simple plato, ya vacío tras la comida, se me resbala de las manos. Aunque se precipita rápido contra el suelo frío, veo su caída a cámara lenta. Y, en menos de un segundo, lo que era un simple plato se convierte en un plato funesto. Dentro de mí retumba el sonido del plato hecho trizas, un estrépito infernal que se oye como si en lugar de uno se hubiesen roto una docena de ellos. El reteñir vibrante de todos los diminutos trozos de cristal a mi alrededor resuena en mi cabeza, como si estuviese en una competición de tiro al plato. Una infinitud de diminutos cristales me rodea.

Aunque esto es para muchos un parvo hecho sin relevancia alguna, a mí, en milésimas, me transporta al séptimo círculo del infierno de Dante, el círculo de los violentos. Más concretamente, estoy en ese segundo giro del séptimo círculo, ese que Dante reserva a los que son violentos contra uno mismo. Suicidas, derrochadores que, inexplicablemente, deciden rechazar a su naturaleza humana para nunca más volver a recuperarla.

«La información de los ensayos clínicos ha demostrado un aumento del riesgo de comportamiento suicida en adultos jóvenes (menos de 25 años de edad) con estados psiquiátricos que se trataron con antidepresivos».

Cito textualmente el primer efecto secundario que aparece en uno de los antidepresivos que he tomado —cinco para ser exactos—. «Como efectos secundarios muy frecuentes y frecuentes encontramos también mareos, sentirse separado de sí mismo, temblor, falta de orgasmo, alteraciones visuales, zumbido en los oídos, vómitos, diarrea, dificultades para orinar, latido cardiaco rápido, somnolencia…» y un largo etcétera de 42 —los he contado— efectos secundarios que completan esta lista y solo teniendo en cuenta los muy frecuentes y los frecuentes. Pero, bueno, eso es otro tema.

Mi primer intento autolítico —que me pasó mientras que tomaba uno de estos medicamentos— fue con un trozo de cristal. Y aquí estoy yo, rodeado de afilados y diminutos puñales. Una parte de mí tiene el coraje de Arria la Mayor y se repite continuamente aquella frase eterna, aquella que le dice a su marido —el senador romano Cecina Peto— tras clavarse el puñal en el pecho y ofrecérselo a su marido: *Paete, non dolet* (Plinio el joven, *Ep. III*). Pero otra parte recuerda la violencia del primer intento autolítico, recuerda que sí que duele, más en el alma que físicamente, pero duele. Y mucho.

Llega mi Atenea, siempre prestándome su ingenio cuando a este Odiseo le cantan las sirenas. Siempre en el momento necesario, siempre atenta, como la propia diosa de ojos glaucos, bajando de su Olimpo para rescatar a este mortal siempre que lo necesita. Enfrentándose a otros dioses si hace falta, intercediendo por mí para salvarme. Observa mi bloqueo, me saca de la cocina y barre los puñales.

Este escritor joven, elegante y erudito para algunos, apasionado y dramático para otros, pobre, crudo y sincero para la mayoría, brillante para una minoría, ha roto un plato. Me prometí no volver a pensar en intentos autolíticos. «La lengua prometió, pero el corazón no». (*Eurípides*, Hipólito).

Así que espero que la venganza no se me sirva en un plato frío.

Quesiqués

¿Sabes cuál es el secreto de la felicidad? Muchos, basándose en dioses, oráculos e incluso en la ciencia, han afirmado conocerlo. No son pocos sus textos sagrados, sus obras de autoayuda oriental o sus artículos sobre hormonas letíficas. Incluso, han llegado a afirmar que hay «personas vitamina». Tal vez, se han tomado muy en serio eso de que somos lo que comemos. Mucho parlaembalde ha opinado sobre la felicidad; quizá, por negocio; quizá, por creer conocer la fórmula perfecta.

A mí todo este tema me parece un quesiqués. No quiero ser pesimista o que se me malinterprete, solo digo que, después de tanta medicación, aromaterapia, meditación, aceites esenciales, afirmaciones positivas, psicólogos y un largo etcétera, a mí, preguntar por la felicidad, me sigue pareciendo un quesiqués al que muchos intentan darle solución, pero nadie encuentra la definitiva.

Y ahí es donde radica la gracia de los quesiqueses, en el hecho de que su respuesta sea tan costosa, casi imposible. Y me atrevería a llegar más lejos: si no hubiera quesiqués, no habría felicidad, no habría salud mental. Que Eva mordió la manzana no por ingenua o perversa, sino porque no se conformó con la respuesta que un tal dios le dio. Es en la falta de respuesta exacta donde los que no encontramos la felicidad, aunque exhaustos, seguimos buscando nuestra propia respuesta a la pregunta. Son los quesiqueses aquello que hacen que siga habiendo esperanza.

«En consecuencia, ahorrémonos las lágrimas con las que nada conseguimos, es más fácil que el dolor nos arroje junto a ellos a que nos los devuelva: si el dolor nos atormenta y en nada nos ayuda, hay que abandonarlo desde el primer momento y el espíritu debe ser rescatado de los inanes consuelos y esa surte de pesarosa complacencia en el dolor. Y es que, si la razón no pone fin a nuestras lágrimas, no lo hará la Fortuna». (Séneca, *Sobre la muerte de un hermano*).

Ojalá fuese tan fácil deshacerse del dolor como lo expone el más prolífico de los estoicos. Sin embargo, debo reconocer que estoy a favor de su último consejo. Durante este tiempo he sentido que la Fortuna me debía algo. No podía haberme condenado con el precito y réprobo camino de la depresión y no compensar mis lágrimas con un tesoro. Necesitaba que la Fortuna me pagara la indemnización por el despido improcedente de felicidad que me había hecho en meses. Pero no lo hizo. Mi fortuna sigue siendo la misma y, aunque aumentara, tampoco pondría fin a mis lágrimas. Solo la razón puede poner fin a mis lágrimas. Pero no me preguntes cómo, pues quitaríamos la magia del quesiqués de la ecuación.

Así que mientras sigo en busca de una respuesta casi satisfactoria, hago lo único que puedo hacer si atiendo a la razón: escribir. Escribir sobre quesiqués, porque lo que no se dice, no se sabe. Escribir y si hace falta, después cantar la palinodia, que para retractarme de lo escrito siempre hay tiempo. Pero escribir. Eso sí, intentando que las lágrimas, aunque necesarias, no emborronen lo escrito.

«¿No ves qué tipo de vida nos ha prometido la naturaleza, que quiso que lo primero para el recién nacido fuera el llanto?». (Séneca, *Sobre la muerte de un hermano*).

Recidiva

Recidiva, que no es ni el nombre de un personaje de carnaval ni el de una constelación recién descubierta, es tan solo un simple participio latino que significa «que renace, que se renueva». Pero consejos vendo y para mí no tengo. En contra de la natural renovación del latín en nuestra lengua, este participio ha decidido que se niega a renacer en un derivado más. Que él no cree en esa religiosa rencarnación, se ve que le gusta más aquello de la vida eterna. Sin embargo, supongo que en un breve despiste por su longevidad o movido por la propia tendencia natural, no pudo negar seguir las tendencias renacentistas. Quizá, harto de la religiosidad que impregna su tinta, quiso ponerse en el centro del mundo y ahí comenzó su interés por conocer la realidad a través de la ciencia. No es de extrañar, entonces, que ahora solo la usen aquellos que dominan la medicina y algún que otro hablista.

Los médicos la usan para expresar el fatídico fenómeno de la reaparición de una enfermedad tiempo después de haberla padecido. Yo siempre he estado a favor del optimismo sensato de la ciencia, de poner un porcentaje y jugar a las posibilidades. Siempre he preferido pensar que, una vez superada una enfermedad, el porcentaje de pasar por otra es menor, como si de una vacuna se tratase. Sin embargo, en el fondo, siempre he tenido la sensación de que una recidiva me esperaba y que, por mucho que durante unos años pensase que la guerra había acabado, era solo un alto al fuego.

En mi penseque veía imposible que otra enfermedad mental renaciese en mí, mientras que un presagio me susurraba, con esa voz que solo utilizan los juzgamundos, que no cantara victoria en alto. Tal vez, eso de creer en los presagios lo veas, querido lector, como una muestra absurda de fe o un simple engatusamiento que esperanza a los ilusos. Pero ¿acaso no fue Sócrates, considerado hoy en día como uno de los grandes pensadores de la historia, quien confió en los augurios toda su defensa ante la pena de muerte? ¿Acaso la fundación de Roma, ciudad que se convertiría en un enorme imperio, aconteciendo uno de los mayores hitos de la humanidad, no se asienta bajo los augurios de Rómulo y Remo?

«Me has preguntado, Lucilio, cómo se explica que siendo el mundo gobernado por una providencia, se produzcan tantos males a los hombres buenos. La razón de esto sería más conveniente dártela en el tejido de la obra, [...]; pero siéndonos cosa placentera el discernir una parte de todo este tratado y el resolver una objeción, dejando de lado el pleito principal, emprendo una tarea no suficientemente difícil: defender la causa de los dioses». (Séneca, *La Providencia*).

Yo, como el pobre Lucilio, también me pregunto por qué existe la recidiva en los hombres buenos. ¿No es suficiente con pasar una enfermedad, sea cual sea, solo una vez? Pero ahora, desconfiando del optimismo sensato de la ciencia, veo que, en ocasiones, no. ¡Ojo!, no seré yo, como ya han tratado muchos de hacer, quien te intente demostrar la existencia de algún Dios —ni soy tan sabido como Séneca o Descartes ni la tengo segura para mí mismo—. Pero sí que te diré, querido lector, que si tienes la ocasión de verte ante una recidiva, recuerda que acabas de renacer. Estás un paso más cerca de las envidiables siete vidas del gato, aprovecha la suerte de tu herida.

Sinecura

«Estas deducciones lógicas son incoherentes: "yo soy más rico que tú, ergo, mejor que tú", "yo soy más elocuente que tú, ergo, mejor que tú". Estas son más coherentes: "yo soy más rico que tú, ergo, mi mansión es más grande que la tuya", "yo soy más elocuente que tú, ergo, mi dicción es mejor que la tuya". Tú no eres mansión ni dicción. Alguien se lava con rapidez, no digas mal, sino rápido. Alguien bebe mucho vino, no digas mal, sino mucho». (Epicteto, *Manual para la vida*).

Con la soberbia más exagerada que quien le puso el nombre al milhojas, este filosofo estoico se atreve a crear un manual para la vida. Su argumento es claro, hay que tratar la vida como una ciencia natural. Debemos, con esta premisa, buscar la lógica a las incoherencias de la vida. Lo que no sabía Epicteto, ni muchos de los que hoy en día siguen al pie de la letra la filosofía estoica en sus biblias de autoayuda, es que las incoherencias son las que hacen a la vida ser vida. Es su falta de lógica, esa que injustamente hace al elocuente y al rico mejor que a los demás, la que convierte a la vida en un arte. Por eso, esta obra tiene como título *El arte de vivir*.

Todos tenemos claro, sobre todo en este país, que el que no habla de la sinecura es porque la tiene. Y aún más allá, el que la crítica, es porque la quiere. La sinecura es el oficio de los parapoco, es la incoherencia de ganar mucho y trabajar muy poco. Aunque no sea verano, las playas de nuestro complejo sistema administrativo siempre están llenas de chiringuitos políticos. Esta incoherencia es en la única en la que derecha e izquierda se ponen de acuerdo. Quizá, el arte de la política también se esconde en lo ilógico de la vida, pero qué sabré yo.

Mi abuela, que ya está curtida en este bello arte, me contaba que la incoherencia que más le fascinaba era la de los medicamentos de salud mental. Tras enseñarme su colección secreta de ansiolíticos, aprovechando que la seguridad social no nos oía, me preguntaba si había leído la innumerable lista de efectos secundarios que aparecían en el prospecto. Ese prospecto, que es como los mapas que antiguamente se utilizaban para viajar, una vez abierto, nadie es capaz de volver a doblarlo de la misma manera.

Yo le respondí que sí, que, por desgracia, había leído esa lista que, en ocasiones, merece la pena no leer. Otra preciosa incoherencia de la vida, la felicidad del necio. Ella, entre risas, no le queda otra que tomárselo así, me contaba lo que le sorprendía que una misma pastilla te pudiese causar insomnio y somnolencia, pérdida de memoria y mayor concentración o a la inversa, y así un largo etcétera. Tras reírnos, comimos insaciables, por el apetito voraz tras la dosis de medicación. Esa misma tarde, apoyado en la taza del baño junto a mi madre, mientras vomitaba, comprendí cómo las pastillas te hacían engordar y adelgazar a la vez. Esa conjunción copulativa del prospecto, ilógicamente, es mucho más correcta que la lógica conjunción adversativa «o».

Así que bebed mucho vino cuando podáis y lavaros deprisa cuando debáis. Y como dice el poeta: «adiós, porque vengo llegando. Buenos días, me voy de prisa. Cuando quieran verme, ya saben: búsquenme donde no estoy y si les sobra tiempo y boca, pueden hablar con mi retrato». (Pablo Neruda, *Sobre mi mala educación*).

Troyanas

He conocido dos troyanas en Valencia. Una se llamaba Hécuba y la otra Casandra. Hécuba reflejaba en su mirada ese brillo que solo la impotencia es capaz de dar a los ojos, esa mezcla entre agotamiento e ira a partes iguales que penetra hasta al ojo inexperto. Casandra, por su parte, era más joven que Hécuba e irradiaba misterio. No pude evitar quedarme mirando fijamente.

Hécuba le dirigía palabras agrías a Casandra: «¿es qué hace falta que me envuelva en el silencio? ¿Es qué hace falta que no lo haga? El cuerpo se me cae a trozos, me revientan los pulsos, los costados se me desencajan. Como me gustaría que mi cuerpo pudiera columpiarse suavemente como una barca sobre el mar mientras entono mi llanto. Una música emana de aquellos que son vencidos por la fortuna cuando explican en voz alta los golpes que les caen encima. [...] ¡Si solo fuera yo!». (Eurípides, *Las Troyanas*).

Mientras Hécuba decía estas palabras, parecía hablar sola. La gente pasaba de aquí para allá, de tienda en tienda, bajo el yugo de Cronos —y me atrevería a decir del nuevo dios del Olimpo, un tal Capitalismo—. Casandra, por su parte, parecía hacer oídos sordos. Ella tenía un plan en mente, se le notaba tranquila ante unas palabras tan duras. No le eran indiferentes las palabras de Hécuba, solo parecía que sabía algo más, que tenía respuestas. La respuesta mansa, la ira quebranta, y la de Casandra más mansa no podía ser.

Cuando Hécuba se percató de mi presencia, inmóvil y contemplativo, cambió en segundos su expresión facial a una sonrisa. Una sonrisa de esas que solo sabe poner la realeza, que te atrapan, aunque sepas que detrás algo esconden. Yo me acerqué a hablar con ella, me mataba el interés. Adonde el corazón se inclina, el pie camina.

Ella le pidió a Casandra que me diera un tríptico —del griego τρί (tres) πτυχο (plegar), es decir, «plegado tres veces»—, en el que Casandra había plasmado su plan secreto, harta de no ser escuchada, exhausta de no ser creída por nadie. Yo, de primeras, ni me fijé en el tríptico. He de confesar que yo tampoco soy una excepción para la maldición de la pobre Casandra. Pero, bueno, pecado confesado, medio perdonado.

Necesitaba saber qué ruinas había visto aquella pobre mujer, qué desataba esa ira, qué se escondía detrás de su desconsuelo. Así que enfrente del *stand* o expositor —del latín *ex* (hacia fuera) y *positus* (puesto), es decir, algo puesto a la vista— donde se encontraban, pregunté qué hacían dos troyanas por Valencia.

Hécuba me habló sobre las ruinas de la nueva Troya, el sistema sanitario. Ese que los helenos, desde el Congreso de los Diputados, habían incendiado hasta dejarlo hecho añicos. Ese en el que, en ruinas ya, las troyanas hacían lo que podían para que los niños no vieran los horrores de un sistema en decadencia. Y para ello, llevaban lo que le falta a esta tragedia de Eurípides, comedia —un calmante sin efectos secundarios.

Ese era el plan de Casandra, llevar alegría a los hospitales. Un equipo de troyanas profesionales, bajo la tapadera de payasos de la ONG *Payasospital*, llevaban la mejor gloria que se puede llevar a una tierra en ruinas. Llevaban eso que ninguna guerra de recortes podrá quitarnos nunca, la comedia. Ya entiendo la tranquilidad de Casandra.

Urente

«¡Se me está muriendo divinamente, te lo juro! De los años que llevo de médico, nunca había visto a nadie morirse tan bien como se está muriendo tu padre. Qué irse, qué apagarse, con qué parsimonia. Estoy disfrutando que no te lo puedes ni imaginar». (José Luis Cuerda, *Amanece que no es poco*).

Mi tercer intento autolítico no lo suelo incluir en el fatídico recuento. Quizá, porque quiera olvidarlo, quizá, porque no pueda nombrarlo. Tras esa fatídica noche, decidí guardar silencio. Creí que por tapar las heridas físicas, sería también capaz de ocultar que tenía el alma hecha añicos. Pero se pilla antes a un mentiroso que a un cojo, o eso dicen. Y ahí iba yo, poniendo mi mejor cara de póker ante la psicóloga, dispuesto a disputar una especie de *Champions League* mental. Ella comenzó su jugada, preguntándome cómo iba mi día. Aunque de primeras parezca una jugada sencilla, me obligó a salir de la zona de control. Ya con el balón en mi campo, cometí el error más absurdo del mundo. Así es, empecé mi ofensiva con un ataque de pánico. Cinco palabras me bastaron para marcarme un gol en propia que condenaría el partido.

«Amanece, que no es poco», le respondí. Cinco palabras y mi mente se llenó de recuerdos. Ya no estaba jugando ese metafórico partido, sino que estaba en casa. En casa, unos años más joven y unos kilos más gordo, riéndome junto a mi padre mientras él me enseñaba de dónde venía esa peculiar ironía que me corre por las venas. Un tal José Luis Cuerda, manchego de nacimiento como yo, había plasmado en un cortometraje «el culmen del humor absurdo», o eso afirman los amanecistas sobre esta película de culto. En esa época, no sufría los problemas y angustias de la gente mayor, pero tampoco entendía bien su humor. No entendía los chistes que cada sábado me contaba mi abuelo, pero una sonrisa siempre se despertaba en mí cada vez que los contaba. Quizá, mi abuelo no sabía escribir la lengua materna, pero transmitía la comedia de su tierra con una naturalidad prodigiosa.

Hace un año volví a ver *Amanece que no es poco*, pero esta vez los chistes de los sábados de mi abuelo ya solo estaban en mi memoria. Sin embargo, es gracias a ese humor absurdo que conecté con él, que aprendí qué es eso, qué es vida. Seguía sin entender sus chistes y frases elocuentes, pero comencé a entender la película. Entendí que vivir de verdad no es más que poder morir igual de bien que aquel pobre personaje de ficción. Desde aquel momento, me prometí vivir así.

Sin embargo, como dice otro comediógrafo «lo que ha sido pactado, no ha sido pactado; lo que no sido pactado, ha sido pactado, según como os place». (Plauto, *Aulularia).* Y lo que yo me había pactado, casi lo incumplo. Por absurdo que parezca, con un mechero que llevaba la imagen de Zeus, intenté fulminar mis venas con un rayo que me produjo una quemadura, aún urente. Tan urente, que, al dar esa simple respuesta a mi psicóloga, vi lo absurdo de mi intento. Tal vez que la piedra saltase del mechero fue un acto cómico, pero lo que sé seguro es que aquello me dio una tercera oportunidad.

Así que no me queda otra que no caer en la ironía de Plauto, cumplir mi pacto y darme el tiempo que me falta para, por fin, poder entender los chistes de mi abuelo, el mayor comediógrafo que yo haya conocido. ¡Todos somos contingentes, pero él era necesario!

Viaje

«Ciertamente, yo, amigos, estoy ya cansado de enredar petates, de caminar, de correr, de llevar las armas, de ir en formación, de hacer guardias y de combatir; deseo acabar ya con estas fatigas y, ya que tenemos la mar, navegar lo restante del trayecto y llegar a Grecia tirado en la cama como Odiseo». (Jenofonte, *Anábasis, 5).*

Hoy, inspirándome en Cervantes (total, para el ojo inexperto, las personas con depresión parecemos simples locos como don Quijote), debo reconocer que de tanto leer y traducir a los clásicos siento mías estas palabras de Jenofonte. Siento como mío el cansancio de ese pobre marinero que solo busca la vuelta al hogar, que necesita salir a la mar y navegar.

Solón el Ateniense, aquel que a instancias de los atenienses redactó una legislación y luego se ausentó por diez años, ante las insistentes preguntas de Creso sobre si conocía algún hombre que fuera el más feliz de todos, le contestó: «lo que me preguntas, yo no te puedo contestar antes de saber que has concluido tu vida con felicidad». (Heródoto, *Historia, 1*).

Me gustaría poder conversar con Solón y preguntarle la pregunta inversa, si conocía algún hombre que fuera el más infeliz de todos. Y si Solón respondiera lo mismo, esta máxima que fue desoladora para Creso se convertiría en esperanzadora para muchos otros.

He intentado suicidarme dos veces (en palabras más afables, he tenido dos intentos autolíticos). He sentido como mío el dolor de Medea.

«¡Ay! Desgraciada de mí, qué penas, infeliz, ¿por qué no me he de morir?». (Eurípides, *Medea*).

Y también su rabia. Sobre todo, su rabia. Pero sigo vivo, cansado como aquel marinero que ansía el retorno al hogar, pero vivo. Vivo, pero con el canto de las sirenas todo el rato en mi mente, sabiendo que «cualquiera que en su ignorancia se les acerca y escucha su voz, a ese no lo abrazará de nuevo su mujer ni sus hijos, contentos de su regreso a casa». (Homero, *Odisea, 12*). Y sin unos tapones de cera melosa que las callen. Las pastillas ayudan, pero no dan el silencio ansiado. Que es posible escucharlas y no morir, ya nos lo enseñó Odiseo, el hombre de múltiples tretas.

No sé si llegaré a Ítaca o algún día mis seres queridos llorarán mi muerte, como los caballos de Aquiles lloraron la muerte de Patroclo:

«Cuando vieron a Patroclo muerto, tan fuerte, joven y gallardo, prorrumpieron en llanto los caballos de Aquiles. Su naturaleza inmortal se conmovió al ver la obra de la muerte; movieron las cabezas, agitaron las crines en el aire y golpearon la tierra con sus patas. Lloraban a Patroclo al darse cuenta de que estaba sin vida, su carne inerte, su alma perdida, sin aliento, salida a la gran nada». (Homero, *Ilíada, 16-17*).

Yo y mi tripulación de psicólogos y psiquiatras nos dirigimos ya rumbo a Ítaca, porque también estamos cansados. Pero sabemos que el viaje es largo y que muchos se quedarán por el camino, devorados por el cíclope Polifemo o atacados por Escila y Caribdis. Eso sí, Odiseo llegará a Ítaca, exhausto y aún con problemas por resolver, pero llegará. Así que hoy, en un efímero sentimiento de esperanza (que al público siempre le agrada un final feliz), si algo siento como mío es la valentía de Odiseo. Me siento el héroe de este poema épico aún inacabado.

Hoy debo reconocer que de tanto leer y traducir a los clásicos siento que de este largo viaje sacaré algo que la pobre isla de Ítaca nunca me habría podido dar: el viaje.

«Ten siempre a Ítaca en tu mente. Llegar allí es tu destino. Mas no apresures nunca el viaje. Mejor que dure muchos años y atracar, viejo ya, en la isla, enriquecido de cuanto ganaste en el camino sin aguardar a que Ítaca te enriquezca. Ítaca te brindó tan hermoso viaje. Sin ella, no habrías emprendido el camino. Pero no tiene ya nada que darte». (Konstandinos Kavafis, 1911).

Wikipedista

Wikipedista, por mucho que parezca surrealista, es un adjetivo aceptado por la RAE. Forma parte de ese 0,02 % de palabras de nuestra lengua que empiezan por «W», ese prestigioso club de la vigesimocuarta letra del abecedario. Este es un dato wikipedista, es decir, dato que he sacado de Wikipedia —no me sé el diccionario de memoria y los porcentajes tampoco son mi fuerte, seamos sinceros—. A la solitaria palabra «wikipedista», le acompañan un pequeño grupo de palabras de origen germánico y algún que otro topónimo del polaco o el neerlandés. Cuatro gatos que conforman el ACNUR (Alto Comisionado de las Naciones Unidas para los Refugiados) de nuestro diccionario. Grupo que, poco a poco, va ayudando a las palabras de otras lenguas a refugiarse en la nuestra. Por lo menos, en la RAE, España no las deja morir en el Mediterráneo de las letras. Supongo que porque vienen de países europeos, ya me gustaría ver una letra solo para incluir términos africanos.

Pero dejando la xenofobia lingüística, me fascina el origen de esta letra. Supongo que dos solitarias uves estaban hartas de ser la hermana pequeña de la alta b, tan presente en nuestra lengua, y decidieron unir fuerza para llegar a la altura de la b. Sin embargo, en lugar de ponerse una encima de otra, la unión les salió de una forma inesperada. Quizá el consumo de *whisky* contribuyó a que esa noche de pasión entre letras diera como resultado un hijo ilegítimo, que incluso tacharon de extranjero. Quizá, deberían haber bebido güisqui en su lugar, pero qué sé yo.

Para mí, lo bonito de esta marginada e incomprendida letra es que es capaz de sentirse foránea en su propia lengua. Ya quisiera yo, como la W, poder ser un extranjero en mi propia tierra, que no me llenara de ira el ver que la decadencia se apodera de mi tierra. Ojalá, poder ver cómo un extranjero al que parece no afectarle lo que suceda en los hospitales, como la salud mental sigue siendo una materia pendiente del sistema sanitario, instalando al enfermo mental en la burocracia y la medicación descontrolada. Ojalá, no sufrir cuando un parapoco deja agonizando las humanidades, matando a base de reformas educativas el latín y el griego. Ojalá, no sentir como mías esas heridas.

«De mi preceptor aprendí a ni pertenecer al bando de los Verdes ni de los Azules, ni de los Parmularios ni de los Escutarios. De él aprendí a soportar estoicamente las dificultades y a ser frugal; a valerme por mí mismo, a no entrometerme en asuntos ajenos, y a no aficionarme a la calumnia». (Marco Aurelio, *Meditación, I, 5*).

Marco Aurelio, ya me decían mis padres, supongo que también después de haber hecho sus meditaciones a lo largo del tiempo, que no puedo luchar toda batalla. Pero dime, Marco Aurelio, cómo voy a saber cómo me siento si no lo escribo. Tal vez, será porque nací en la Mancha, que una fuerza dentro de mí me lleva a enfrentarme a gigantes molinos, sin pensar en el desgaste que esa batalla me va a ocasionar. Que me viene la calumnia y la prepotencia lingüística de herencia. Que en mi tierra, la ironía siempre ha sido nuestro más fuerte ataque. Así que desoyendo a los clásicos por una vez en mi vida, seguiré luchando cada guerra como si fuera mía, hasta que el cuerpo me lo permita. Que mientras tenga un papel y boli a mano, seguiré siendo de ese 0,02 % en peligro de extinción que usa cualquier dato wikipedista como excusa para escribir sin tapujos lo que siente.

Yonqui

Papá, me he vuelto un yonqui. Lo sé, sé que desde que era un párvulo chico solo me pedías que el futuro fuera buena gente, que me aferrara a la vida. Que los ochenta y los noventa quedan lejos para mí, pero la droga no tanto. He notado en mi propio cuerpo los temblores, sudoraciones y la disforia del síndrome de abstinencia. Perdón, papá, pero ya se me hace imposible brindar a tu salud acercando una gota de alcohol a mi boca.

Roma no paga a traidores y no espero que mi deslealtad sea recompensada de forma diferente por ti. El perdón de Dios me queda lejos, pero tampoco lo busco. Con el tuyo me sobra. Tanto el Quijote como la Biblia afirman que de la abundancia del corazón habla la lengua. Así que, sirviéndome de esta paremia para pedirte perdón, te cuento mi metamorfosis.

Ovidio, mucho antes que Kafka, sabía que cambiar de forma era posible. Que venimos de la piedra y, por tanto, somos una raza dura, afirma el poeta latino. Pero yo me siento más del polvo de tierra bíblico, quizá, por la religiosa herencia paterna. Me siento más de barro moldeable que de piedra dura, cambiante de metamorfosis en metamorfosis, de medicación a medicación.

Eros me disparó, como a Dafne y Apolo, con su flecha de oro, que hace nacer el amor, y con la de plomo, que hace huir de él. No juzgaré yo la destreza con el arco del dios, pero ha disparado con las dos flechas al mismo ser. Y si bien nace una fuerza vital dentro de mí, al mismo tiempo, una huida se emprende. Que el psiquiatra no lanza flechas, pero receta Venlafaxina y otras cuantas acabadas en -tina que consiguen el mismo efecto.

Drogas que —como en la batalla entre Hércules y Aqueloo, dios del río con el mismo nombre— te repiten incansablemente que «mientras ellas triunfen en la lucha, tú puedes vencer con palabras». (Ovidio, *Metamorfosis*). Drogas que infravaloran tus palabras, porque tienen la seguridad de triunfar en la lucha con sus metamorfosis.

Drogas que convierten tu vida en la del minotauro para que no dañes a los demás ni a ti mismo, pero que hacen que tu camino se vuelva un laberinto que «induce al error de los ojos con el sinuoso rumbo de los diversos caminos». (Ovidio, *Metamorfosis*). Drogas que te hacen volar alto como el pobre Ícaro, que te convierten en un pájaro que, desobedeciendo el consejo paterno, vuela cada vez más alto, movido por la ilusión momentánea de felicidad. Drogas que, cuando esa ilusión desaparece, derriten sin piedad tus alas y te dejan caer a lo más hondo del océano, ahogándote en tus propias lágrimas, como si cristales atravesaran tu garganta. Drogas que me han hecho experimentar la doble muerte de Eurídice.

Pero es bien sabido que amor de padre, que todo lo demás es aire. Aceptas mi perdón y, como Deucalión a Pirra, me dices: «¿Cuál sería ahora, ay triste de ti, tu ánimo, si sin mí hubieses estado arrancada a los hados? ¿Cómo podrías, en total soledad, soportar el miedo? ¿Quién les daría consuelo a tus dolores? Porque yo —siéndote veraz— si la mar te tuviese, te seguiría, y también la mar me tendría». (Ovidio, *Metamorfosis*).

Hijos criados, trabajos doblados. Pero, papá, tú sí que estás hecho de roca, eres de esa raza dura que es capaz de afrontar sufridos trabajos. ¡Qué bella esta raza tuya!

Índice

www.ingramcontent.com/pod-product-compliance
Lightning Source LLC
LaVergne TN
LVHW041236150826
845673LV00008B/2397

* 9 7 8 8 4 1 0 0 7 6 4 0 2 *